L'ANCIENNETÉ

DE

L'HOMME

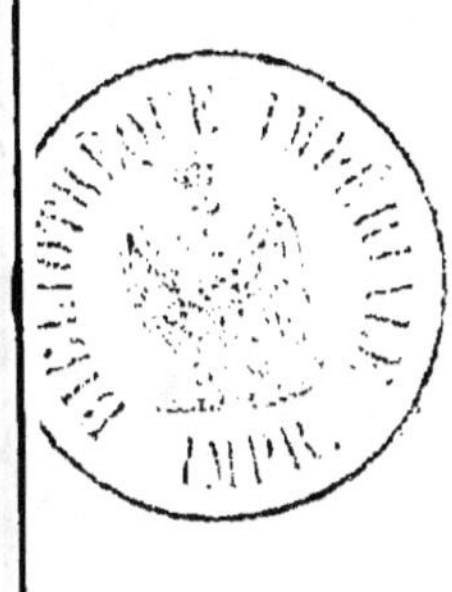

L'ANCIENNETÉ

DE

L'HOMME

PAR

LE MARQUIS DE NADAILLAC

PRÉSIDENT

DE LA SOCIÉTÉ ARCHÉOLOGIQUE, SCIENTIFIQUE
ET LITTÉRAIRE DU VENDOMOIS

(Extrait du Bulletin de la Société Archéologique,
Scientifique et Littéraire du Vendômois.)

PARIS

A. AUBRY, 16, RUE DAUPHINE

VENDOME

LIBRAIRIE DEVAURE-HENRION

1869

Les grands problèmes de l'ancienneté de notre race, des origines de l'humanité, ont eu de tout temps le privilége d'attirer l'attention des penseurs ; mais il était réservé à notre époque, à cet esprit d'investigation et de recherche approfondie qui la caractérisent, de faire faire à la question des progrès sérieux. L'existence de l'homme à l'époque quaternaire, sa contemporanéité avec les grands animaux dont les restes nous pénètrent encore d'étonnement et d'effroi, ont été prouvés par des témoignages si multipliés et si incontestables, que le doute même aujourd'hui n'est plus possible.

L'exposition universelle de 1867 a contribué pour sa part à jeter un vif éclat sur les temps préhistoriques, sur ces hommes nos ancêtres, sur leurs armes, sur leurs outils, sur leurs demeures, sur toute cette industrie primitive, première étape de notre grande industrie moderne[1]. Un an s'est à peine écoulé depuis cette pacifique lutte des nations, et déjà de nouvelles découvertes sont venues orner nos musées et nous apporter un riche contingent de faits nouveaux. Ce sont ces faits, c'est l'état actuel de la question, que je me propose de résumer.

L'âge de pierre[2], tel est le nom qu'on a donné à cette

---

[1] Nous ne pouvons que renvoyer à l'excellent ouvrage de M de Mortillet : Premenades préhistoriques à l'Exposition, Paris, 1867.

[2] Voyez sur ces divisions le Bulletin de la Société, 1864.

période immense, qui, selon toutes les apparences, a commencé avec l'homme lui-même, s'est étendue sur l'ancien et sur le nouveau continent. La Société anthropologique de Moscou a pu le constater dans les tombeaux de la grande Russie. De nombreuses stations préhistoriques existent en Allemagne et en Autriche. Il est presque inutile de mentionner les découvertes si connues des kjokkenmöddings [1] et des tourbières du Danemark. Grâce à la libéralité du Roi, des séries complètes et de magnifiques échantillons sont venus prendre place dans le Musée de Saint-Germain. M. de Rossi et M. Pigorini ont trouvé dans des terrains quaternaires, auprès de Rome, des silex taillés associés à des ossements humains [2]. M. P. Lioy a constaté des charbons et des poteries mêlés aux ossements du grand ours, dans la grotte du Chiampo, auprès de Vicence [3]. Avant lui, le docteur Falconer avait trouvé dans la grotte de Maccagnone [4] les mêmes vestiges de l'homme avec l'elephas antiquus et la grande hyène des cavernes, plus anciens encore que l'ours [5]. Le fouilles de M. Cassiano de Prado [6] et de M. Louis Lartet [7] en Espagne ; de MM. Delgado et Pereira da Costa en Portugal et dans toute la vallée du Tage [8] ; de M. Thioly

---

[1] Littéralement « amas de débris de cuisine ».

[2] Instituto della corrispondenza archeologica. — Revue Archéologique, Janvier 1867. — Mortillet, Matériaux II et III.

[3] Lehon, L'Homme fossile, p. 52.

[4] Sicile. — Sir John Lubbock, Prehistoric Times. — Lyell, Antiquity of Man, c. X.

[5] Nous ne saurions omettre, en parlant de l'Italie, les excellents travaux de M. de Mortillet sur les terramares du Reggianais.

[6] Description géologique de la province de Madrid.

[7] On a pu voir à l'Exposition les haches en silex taillés à grands éclats de San Isidro auprès de Madrid. M. de Mortillet nous donne (IV, p. 204) la coupe du terrain. Le capitaine Brome a fait aussi d'intéressantes découvertes dans la grotte de Saint-Michel, auprès de Gibraltar.

[8] Noticia acerca das Grutas da Cesareda. Lisbonne, 1867.

dans la caverne de Bossey, au pied du mont Salève[1] ; de M. Lenormant sur les revers du mont Hymette[2], ont également affirmé la présence de l'homme par le plus indubitable des témoignages, l'œuvre de ses mains, dans ces temps inconnus hier encore, et auxquels nous ne savons même pas quel nom donner !

Le duc de Luynes, dont la science déplore la perte récente, a retiré de nombreux silex, taillés en forme de couteaux ou de grattoirs, de dépôts de cendres amoncelés, à l'entrée d'une grotte située auprès du Nahr el Kelle[3]. Déjà Botta avait mentionné ces grottes et constaté une brèche contenant des os cassés et calcinés et des débris de poterie[4]. M. Moretain, curé de Beth-Sahour, auprès de Jérusalem, possède une collection de silex recueillis dans ses environs. M. Evans nous apprend l'existence de l'âge de pierre dans les Indes[5], et M. Chevreul le signale en Chine aux confins de l'extrême Orient[6].

En Algérie, on a découvert à plusieurs reprises des pierres taillées. Le dernier fait dont j'aie eu connaissance date de quelques mois à peine. Six silex ont été trouvés au milieu d'un foyer avec ses cendres et ses charbons, en fouillant une caverne située à la pointe Pescade, auprès d'Alger[7].

M. Lund a exploré depuis de longues années les nombreuses grottes du Brésil[8]. Dans une de ces grottes,

[1] L'époque du renne. Annecy, 1868.
[2] Revue Archéologique, Janvier 1867.
[3] Ancien Lycus. — Mortillet, Mat. I, p. 115 ; III, p. 460.
[4] Observations sur le Liban et l'Anti-Liban.
[5] Soc. of Antiquaries, Janvier 1865.
[6] Comptes rendus, Académie des Sciences, 1866.
[7] Akhbar du 27 février 1868. — Bourjot, Découverte d'une grotte à la pointe Pescade. Alger 1868. —Mortillet, IV, p. 213.
[8] M. Lund a fouillé plus de 800 grottes. Son premier travail, inséré dans le Recueil des Antiquaires du Nord, date de 1845. Les crânes et les débris humains qu'il a découverts ressemblent aux anciennes races de l'Amérique, dont on a retrouvé les figures sculptées sur les monuments mégalithiques du Mexique.

située sur les bords du Lagoa do Sumidouro, il a trouvé ces ossements de trente individus de tout âge, et mêlés à les ossements, ceux des grands mammifères de l'époque quaternaire aujourd'hui disparus, et appartenant tous à la faune particulière de l'Amérique [1].

Près de Natchez, sur les bords du Mississipi, à cent pieds sous le sol, on a découvert un os fossile, qui a été reconnu par plusieurs naturalistes, entre autres par l'illustre Agassiz, comme l'os du bassin d'un homme [2]. A côté, gisaient des ossements du megatherium et du megalonyx, également types spéciaux de la faune américaine. Le docteur Dowler a trouvé un squelette humain dans les tourbières de la Louisiane ; au-dessus il a pu constater quatre couches successives de cyprès gigantesques [3]. Dans une récente excursion en Amérique, M. F. de Lasteyrie a vu les fragments très-bien conservés d'une natte en canne [4], provenant d'une mine de sel, située dans l'île de la Petite-Anse, auprès de la Nouvelle-Orléans. Ces débris étaient enfouis à quatorze pieds sous le sol, à deux pieds plus bas que les ossements d'éléphants et d'autres grands mammifères qui n'ont pu encore être bien déterminés [5]. Les montagnes de coquille du Maine et du Massachusetts [6], les dépôts aurifères de la Californie [7], les puits d'huile du Canada, les

---

[1] Nul doute que les découvertes de M. Strobel, dont on attend avec impatience la publication complète, ne viennent apporter de nouveaux éléments de conviction. Materiali di palethnologica comparata raccolti in Sud America. Parma, 1868.

[2] Académie Royale de Belgique, t. XX, Bull. 11 et 12.

[3] Lyell, Ant. of Man, c. III et XI. — Note du docteur Dally, traduction française de Huxley. De la place de l'Homme dans la nature, p. 320.

[4] Arundinaria macrospermum.

[5] Rapport de M. Desnoyers au congrès d'Anthropologie de 1867, p. 98.

[6] First annual Report of the trustees of the Peabody museum of American archeology and ethnology. Cambridge, 1868.

[7] Prof. Blake. Congrès de Paris. 1867. Compte Rendu, p. 191.

mines de cuivre des grands lacs, nous révèlent des générations de travailleurs ayant précédé les courageux pionniers de nos jours[1]. Les fertiles vallées de l'Ohio, les plaines incultes du Kentucky recouvrent de mystérieux cimetières[2], et les voyageurs qui parcourent les grandes forêts de l'Amérique, se flattant, dans leur naïf orgueil, de fouler les premiers ces terres vierges, voient avec étonnement se dresser devant eux des ruines, des sépultures, muets témoignages de siècles innombrables.

Remontons encore. Ces siècles eux-mêmes sont récents, lorsqu'on les met en regard avec les périodes incalculables que la géologie et la paléontologie nous font connaitre. Dans l'état actuel de la science, rien ne nous apprend avec certitude quand la vie organique a été créée sur notre planète, quand a commencé à se dérouler cet admirable chaîne depuis l'eozoon canadense, ce spongiaire récemment découvert[3], qui paraît le plus ancien des êtres organisés, jusqu'à l'homme, qui en forme le dernier anneau. A plus forte raison, nous ne pouvons même présumer la limite où les découvertes ultérieures porteront l'origine de l'humanité[4].

Quelles étaient ces races primitives dont on ne saurait plus nier l'existence[5]? Venaient-elles du fond de l'Asie ou étaient-elles aborigènes de l'Europe? Ont-elles existé depuis quelques mille ans ou depuis quelques mille siècles? Quels étaient leurs caractéres physiques? Quel était leur

[1] Smithsonian Contributions, I.

[2] Dans le Wisconsin on a trouvé de nombreux tertres taillés de manière à représenter des animaux et même des hommes. Lubbock. Trad. Assolant. Revue Archéologique, septembre et octobre 1865.

[3] Par sir W. Logan. On peut en voir au Muséum de magnifiques échantillons.

[4] Darwin. Origin of species, c. IX.

[5] Broca. Bulletin de la Société d'Anthropologie. T. III, n° 1.

état social? Quels ont été les progrès accomplis depuis le moment où l'homme, en frappant deux cailloux l'un contre l'autre, arrivait à former une pointe grossière, jusqu'à l'âge de la pierre polie, où le sentiment de l'art se révèle d'une manière incontestable, et où le fini du travail excite encore notre juste admiration ; depuis les grottes où nos ancêtres disputaient aux animaux leurs tristes demeures, jusqu'aux dolmens de la Bretagne [1], jusqu'aux habitations lacustres que le génie de l'homme avait appris à isoler dans les eaux ; depuis les grands animaux de la faune quaternaire, jusqu'aux animaux domestiques qui se rapprochent de ceux qui sont encore nos compagnons? Telles sont les questions livrées aux disputes des hommes, tels sont les problèmes qui s'imposent à nous, avec des données encore bien obscures et bien incertaines.

II

Le savant M. Lartet a divisé l'âge de pierre en quatre périodes différentes : l'âge de l'ours [2], l'âge du mammouth, [3] l'âge du renne [4], et l'âge de l'aurochs [5]. Ces âges correspondent assez exactement aux observations qu'on a pu faire dans l'Europe occidentale, où nombre de cavernes ont été habitées à des époques différentes ; celle d'Arcy [6], par exemple, fouillée par notre collègue

[1] Il est curieux de noter ici ce fait peu connu, qu'aujourd'hui encore, à 150 lieues de Calcutta, on trouve une tribu indienne qui érige des dolmens, des menhirs, des cromlechs. — Yule, Bengal Asiatic Journal, 1844. — Voy. aussi sir J. Lubbock, et surtout Bonstetten, Essai sur les dolmens, Genève, 1865.

[2] Ursus spelæus.

[3] Elephas primigenius.

[4] Cervus tarandus.

[5] Bison Europæus.

[6] Aube.

M. de Vibraye, celles du Maz d'Azill et de Massat [1], fouillées par M. Garrigou, d'autres encore. On trouve dans leurs couches inférieures des ossements d'ours et des instruments en silex de la taille la plus grossière ; un peu plus haut des ossements de renne associés à des pierres plus finement travaillées ; dans les couches supérieures enfin, des animaux semblables à ceux qui vivent encore dans le pays, et avec eux les vestiges d'une industrie humaine se rapportant à l'époque de la pierre polie. Ces divisions, qui vont nous servir de jalons, laissent cependaut encore beaucoup à désirer. L'apparition et la disparition des espèces n'est nullement synchronique, et les animaux que M. Lartet a pris pour types ont paru et disparu dans chaque région à des époques différentes. Ainsi le renne, qui caractérise la troisième période, se trouve souvent associé au mammouth, et nous aurons plus tard l'occasion de signaler les ossements du grand ours mêlés à ceux des animaux domestiques.

Si nous avons recours à la géologie pour mieux fixer les âges que nous venons d'indiquer, elle ne dissipera guère nos incertitudes, et nous apprendrons seulement que les deux premières périodes sont contemporaines, peut-être même antérieures à la grande retraite des glaciers, dont la fusion a été un des principaux agents de la configuration actuelle du sol [2]. La période du renne, à plus forte raison celle de l'aurochs, seraient post-glaciaires [3]. M. Lartet cependant, et son autorité est d'un grand poids, affirme qu'aucune des cavernes dont il a eu

[1] Ariège. Etude comparative des Alluvions quaternaires. Toulouse, 1865.

[2] Docteur Dally. Notes sur Huxley, p. 320.

[3] L'espace nous manque pour raconter les curieuses découvertes faites à Schussenried (Wurtemberg). Elles prouveraient que l'homme, avec le renne pour compagnon, se serait établi en Souabe aussitôt après la retraite des glaciers. (Staats Anzieger, septembre et octobre 1866. — Bulletin de la Société Vaudoise des Sciences Naturelles, IX.)

connaissance n'a été habitée par notre race avant la période glaciaire. C'est peu de temps après, selon le savant professeur, qu'apparaissent en France et en Italie les premières traces évidentes de l'homme [1].

A l'époque de l'ours, l'homme se contentait de casser les ossements des animaux ; les mâchoires de l'ours spelæus, celles du grand chat [2], sont l'arme la plus redoutable qu'il possède. La partie montante de ces mâchoires est souvent brisée d'une manière uniforme, comme pour former une poignée à la redoutable canine qui la termine [3]. On se rappelle involontairement l'arme avec laquelle Samson combattait les Philistins [4]. Les silex sont taillés à grands éclats. Les os de l'oreille du cheval, les dents de l'ours, percés comme des pendeloques, servent d'ornements [5]. On a retrouvé à plusieurs reprises des charbons et des cendres, premier indice du foyer domestique, et justifié ainsi l'opinion de sir John Lubbock, qui établit d'une manière très-solide qu'il n'a jamais existé de race d'homme qui n'ait connu le feu [6]. Avec ces charbons et ces silex, on rencontre aussi souvent une poterie grossière, faite à la main et cuite au soleil, rarement au feu [7]. Les grottes, généralement as-

---

[1] Congrès anthropologique de Paris, 1867. Compte Rendu, p. 133.

[2] Felis spelæa, d'un tiers environ plus grand que notre lion ; ce carnassier devait être l'un des animaux les plus effrayants de cette époque.

[3] Grottes de Bouicheta, de Massat, de Lherm. Garrigou, Etude comparative des Cavernes à ossements. Toulouse, 1865.

[4] Juges, c. XV.

[5] Grotte d'Aurignac, fouillée par M. Lartet.

[6] Prehistoric Times. Trad. en français par M. Barbier. Paris, Baillière, 1867.

[7] Troyon, p. 79. — Geological Society of England, Jan. 1864. — Ferry. Ancienneté de l'Homme dans le Mâconnais. — Dupont, Cavernes de la Belgique. — Issel di una caverna ossifera di Finale. Milan, 1865.

sez élevées au-dessus des vallées[1], servent tantôt d'habitation, tantôt de lieu de sépulture. La malpropreté de ces peuplades primitives devait être extrême. Les débris des repas, les viandes putréfiées étaient, comme de nos jours encore chez les Esquimaux, accumulés autour du foyer. Leur nourriture se composait exclusivement de chair; le cheval[2] en formait une partie importante. Les petits rongeurs, les rats, les belettes, les hérissons même, le remplaçaient au besoin. Jusqu'à présent, on n'a trouvé aucune trace d'une alimentation végétale. L'homme se vêtissait sans doute de la peau des grands animaux qu'il parvenait à tuer, et qu'il cousait avec des fragments d'os grossièrement façonnés. Aucun sentiment des arts n'apparaît; du moins on ne cite encore qu'un exemple unique. M. Garrigou, l'infatigable explorateur du midi[3], a découvert dans la grotte de Massat une plaque de roche schistoïde, sur laquelle étaient figurés les contours du grand ours. J'ai vu cet essai de gravure; les traits sont tellement effacés qu'il faut, j'en conviens, une foi bien ardente pour admettre ce que son possesseur veut y voir.

A l'époque du mammouth, ce sentiment des arts, qui paraît, je le répète, inconnu jusque-là, révèle une civilisation plus élevée. Nous avons pu voir à l'exposition la plaque d'ivoire[4] où figure l'elephas primigenius, si reconnaissable à sa grande crinière, à sa tête bombée, à sa longue trompe. Tout rappelle celui trouvé au siècle der-

[1] La grotte de Bouicheta est à 230m au-dessus du niveau de l'Ariége; celle de Lherm à 200m; celle de Loubens à 250m; celle de Massat à 170m. M. Lartet rapporte celle d'Aurignac au-dessus de tout phénomène diluvien.

[2] Equus fossilis, equus adamaticus, equus priscus, equus brevirostris. Pictet, I, p. 315.

[3] Il nous apprend lui-même que dès 1855 il avait fouillé 210 grottes.

[4] Elle a été trouvée en 1864 dans la grotte de la Madeleine (Dordogne). Lartet et Christy, Reliquiæ Aquitanicæ. — Comptes Rendus de l'Académie des Sciences, t. LXI.

nier, encore revêtu de ses chairs, dans les glaces du Vilhoui, un des affluents de la Lena [1]. On peut aussi citer deux fragments de bois de renne, où ont été sculptés deux éléphants : l'un trouvé sous les rochers de Bruniquel [2], l'autre par M. de Vibraye à Laugerie-Basse [3]. Evidemment ceux qui pouvaient représenter le mammouth d'une manière si exacte devaient l'avoir devant les yeux. Bien plus, avec leurs faibles silex, ils parvenaient à le vaincre ; car M. Lartet a constaté au Muséum sur les ossements de l'éléphant et sur ceux du rhinocéros laineux, son inséparable compagnon, la marque des haches de pierre qui avaient servi à les dépecer. Selon toutes les apparences, ces pachydermes devaient être en nombre considérable. On retrouve leurs ossements depuis l'Espagne jusqu'en Sibérie, où ils semblent s'être cantonnés, et où l'ivoire de leurs défenses forme encore aujourd'hui un objet important d'exportation.

Rien ne change dans la nature. Les Speke, les Livingstone, les Baker, tous ces voyageurs qui parcourent avec un si indomptable courage l'Afrique entière, nous signalent, comme aux temps que nous cherchons à retracer, des troupeaux d'éléphants et de rhinocéros paissant tranquillement et sans inquiétude même de la présence de l'homme, leur redoutable ennemi.

L'époque du renne se distingue par des progrès très-réels de celles qui l'ont précédée. La population, sur

---

[1] Ses défenses avaient plus de 3^m de long, et la tête sans les défenses pesait plus de 200 kilos. (Pictet, Paléontologie, I, p. 281). M. de Baer vient d'annoncer une nouvelle découverte de ce genre. (Comptes Rendus de l'Académie des Sciences, avril 1866).

[2] Tarn-et-Garonne. Collection de M. Peccadeau de Lisle. — Mortillet, Mat., 1868, p. 97.

[3] Dordogne. Comptes Rendus de l'Académie des Sciences, 1865. — Ces stations appartenaient vraisemblablement à l'époque du renne. Il faut donc ou que le mammouth ait survécu, ou que les objets que nous décrivons aient été conservés des époques antérieures.

certains points tout au moins, est devenue considérable.
M. Dupont a recueilli plus de 32,000 silex taillés[1] dans
les seules cavernes du bord de la Lesse. Les pierres
sont plus finement travaillées ; les bois du renne, les défenses de l'éléphant, les ossements de tout genre sont
découpés en têtes de lances, en poinçons, en aiguilles
souvent d'une délicatesse extrême ; la poterie présente
des anses, quelquefois des essais d'ornementation. Des
phalanges du cerf et du renne, on fait des sifflets[2] ; de dis-
ques de pierres, de coquilles percées, des dents de petits rongeurs, des colliers. Le goût de la parure est un
sentiment inné de notre race ! L'homme n'habite plus seulement des grottes ; dans les départements de la Dordogne et de Tarn-et-Garonne notamment, on a découvert des stations à ciel ouvert. Les représentations
d'animaux gravées sur la pierre ou sculptées en ronde
bosse abondent[3]. M. de Ferry a trouvé à Solutré, station antérieure peut-être à l'époque du renne, une
statuette représentant un petit animal à pieds four-
chus et ayant les quatre jambes repliées sous le ventre.
La tête malheureusement manque[4]. Nous ne pouvons
omettre un morceau capital, le combat amoureux de deux
rennes, gravé sur une plaque de roche schisteuse, et
trouvé par M. de Vibraye à Laugerie-Basse, dont les fouilles ont été si fructueuses. C'est là en effet que notre savant confrère a rencontré cette figurine en ivoire, espèce de Vénus impudique, si remarquable par l'exagéra-
tion de ses organes sexuels[5]. C'est, si je ne me trompe,

[1] Rapport à M. le Ministre de l'Intérieur. Bruxelles, 1865. —
Cavernes de la Belgique, id. 1867.

[2] Ces sifflets étaient peut-être un premier essai d'instrument
de musique? On en a trouvé aux Eyzies, à Aurignac, à Laugerie-
Basse, à Schussenried, etc.

[3] Il faut consulter le magnifique ouvrage encore incomplet de
MM. Lartet et Christy, Reliquiæ Aquitanicæ.

[4] Revue du Lyonnais, janvier 1868. — Revue Archéologique,
mars 1868.

[5] Comptes Rendus de l'Académie des Sciences, 29 février 1864.

la première représentation de l'homme par lui-même
dont on ait connaissance. MM. Lartet et Christy ont découvert depuis, dans la grotte de la Madeleine [1], un bâ-
ton de commandement sur lequel est gravée une petite
figure humaine maigre et allongée ; et M. Brun, au gisement de Lafaye [2], un fragment de roche, sur lequel on
voit deux bustes humains. Les lignes sont très-fines, et
il faut un examen à la loupe pour les apercevoir. Il est
fort curieux de constater ici que jusqu'à présent les représentations d'objets animés, mammifères, oiseaux, rep-
tiles, poissons, ne se sont encore rencontrés que dans le
midi de la France.

Selon toute apparence, de grandes modifications clima-
tériques se sont produites entre la période du renne et
celle de l'aurochs. La flore s'est sensiblement modifiée.
L'ours des cavernes, le mammouth, le rhinocéros ont
disparu pour toujours. Le renne, le bœuf musqué [3], le
renard lagopède [4], la chouette harfang [5], tous les animaux
qui aiment le voisinage des neiges, se sont retirés vers
le nord [6]. A leur place apparaissent nos premiers animaux domestiques. M. Garigou les a constatés dans la
grotte de Bedeilhac, dans celle de Lombrives et dans plusieurs autres [7]. Dans les kjœkken-mœddings Scandi-

---

[1] Dordogne. Voy. Reliquiæ Aquitanicæ.

[2] Fouilles de Bruniquel et de Saint-Antonin. Montauban,
1867.

[3] Ovibos moschatus.

[4] Canis lagopus.

[5] Stryx noctea (Linné).

[6] Troyon, L'Homme fossile, p. 149. — M. Alphonse Milne-Edwards donne la liste complète des oiseaux des climats froids, qui
existaient en France à l'époque des cavernes, et qui se sont retirés vers le Nord. — La période glaciaire, selon M. O. Heer, aurait eu une température moyenne de 4° au-dessous de notre température actuelle.

[7] Trois espèces de bœuf, deux espèces de cochon, la chèvre, le
chien. — Garrigou et Filhol. Age de la Pierre polie. p. 7 et suiv.

naves, le chien seul représente la domestication : en
Suisse, il est accompagné du bœuf[1], du mouton, du cochon, de tous les animaux domestiques, à peu d'exceptions
près, que nous possédons aujourd'hui. Dans les dépôts lacustres, dans les stations de la pierre polie, on a trouvé les
graines et les fruits de nos plantes[2]. Des meules à moudre
le grain montrent l'immensité du progrès accompli[3].
L'homme demande à la terre une nourriture qu'il ne
cherchait jusqu'alors que par la chasse, plus rarement
par la pêche. L'industrie a pris un grand essor. Les
haches, les flèches triangulaires ou barbelées offrent des
types nouveaux; les silex, finement travaillés, souvent
admirablement polis, deviennent des scies, des couteaux; des étoffes encore bien grossièrement tissées,
des filets de pêche révèlent des arts inconnus jusque-
là. Dans quelques dolmens, on a rencontré des objets en
or[4] et en bronze[5]. Nous touchons à l'âge des métaux et
aux temps historiques.

Le commerce existait depuis longtemps. L'idée de l'é-
change est vraisemblablement aussi ancienne que l'homme
lui-même. Bien souvent les fouilles mettent au jour des
silex complètement étrangers au sol qui les recouvre[6].
Ceux si célèbres du Grand-Pressigny se sont retrouvés
dans le lit de la Seine[7], dans les cavernes de la Belgique[8],

---

[1] Bos Europœus et un autre de plus petite taille. Troyon, p. 88.

[2] Troyon. Habitations lacustres. — Desor, Palafittes.

[3] Pommerol. Stations de l'âge de la pierre aux Martres-de-
Veyre (Auvergne).

[4] Dolmen de Carnoet (Finistère). Tumulus de Plexdy (Côtes-
du-Nord).

[5] Plusieurs dolmens de la Bretagne et dolmens de l'Aveyron.

[6] Thiolv, Epoque du renne. — Ferry, Ancienneté de l'Homme
dans le Mâconnais, etc.

[7] Deux poignards ainsi trouvés sont déposés au Musée d'artil-
lerie. Mortillet, Mat. II.

[8] Dupont. Cavernes des bords de la Lesse et de la Meuse.

et jusques dans les iles Shetland. On a découvert l'ambre de la Baltique dans les stations lacustres de la Suisse, la jadeïte en Ligurie[1], l'obsidienne dans l'île d'Elbe[2]. Les dolmens de la Bretagne ont donné des haches en fibrolithe, en chloromélanite, dont les gisements même sont aujourd'hui inconnus, un collier en calaïs, cette pierre précieuse décrite par Pline et qui était restée ignorée jusqu'à nous[3]. La navigation fluviatile et même la navigation maritime facilitaient les relations. Depuis la fin du siècle dernier, on a retrouvé successivement à Glascow, sur des terrains anciennement recouverts par la mer, dix-sept canots, imitation grossière de l'arbre flottant sur l'eau, et creusés, selon toutes les apparences, avec des outils en pierre. Dans un de ces canots, était une hache en diorite caractéristique de l'époque de la pierre polie, dans un autre un tampon en liége. Alors comme aujourd'hui, le chêne qui produit le liége était bien certainement étranger à la froide Ecosse[4].

Cherchons maintenant à nous rendre compte, s'il est possible, du temps qui s'est écoulé depuis que les grottes ont été habitées pour la première fois par l'homme. Nous allons prendre un exemple frappant; beaucoup d'autres d'ailleurs nous conduiraient aux mêmes conclusions.

Dans la réunion de l'Association Britannique à Dundée[5], M. Pengelly a raconté, au nom d'une commission

[1] Issel. Congrès de Paris, 1867, p. 87.

[2] Comptes Rendus de l'Académie des Sciences, 1865.

[3] Dolmens de Manné-er-Hroek, de Tumiac, de la Trinité-sur-Mer, du Mont Saint-Michel en Carnac. Il faut consulter la description des objets en pierre polie du musée de Vannes, par MM. Davy de Cussé, Galles et d'Ault-Dumesnil. M. Chantre indique quelques-uns des mêmes objets trouvés en Dauphiné. Sur la composition des haches, il faut lire les savants travaux de M. Damour. Comptes Rendus de l'Académie des Sciences, t. LXI et LXIII.

[4] Lyell, Ant. of Man, c. III.

[5] En 1867.

composée des plus illustres savants de l'Angleterre, les
nouvelles fouilles exécutées dans la caverne de Kent [1].
Cette caverne, d'une étendue considérable, renferme
une foule d'embranchements qui portent des noms
spéciaux, et qu'il serait trop long d'énumérer ici; nous
dirons seulement que la couche superficielle de la salle
principale, composée de terreau noir, renfermait un
crâne humain, de nombreux fragments de poterie, des
fuseaux en pierre, des peignes en os, un hameçon en
bronze. Parmi ces débris, les explorateurs rencontrèrent
un instrument prismatique, avec encoches équidistantes,
qu'on a supposé une mesure de longueur. Sous la
terre noire s'étendait une épaisse couche de stalagmites. Ces couches sont dues, on le sait, à l'évaporation
des gouttes d'eau, qui laissent après elles une imper-
ceptible pellicule de carbonate de chaux. Elles s'accrois-
sent assurément avec la plus extrême lenteur; mais la
vitesse d'écoulement des eaux, l'influence de la chaleur,
la solubilité du calcaire modifient complétement les lois
qui président à leur formation, et ne laissent, selon nous,
aucune base assurée au système chronologique qu'on
prétend en tirer. Les premières couches de stalagmites renfermaient seules des silex et quelques ossements brisés. Après avoir enlevé à grand'peine toute la
masse stalagmitique, on découvrit un limon rouge qui
reposait sur le sol naturel de la caverne, et dans ce limon
des ossements de cheval [2], de cerf, du grand ours, de
la grande hyène des cavernes, du mammouth et du rhinocéros. Les recherches les plus minutieuses ne purent

---

[1] Près de Torquay (Devonshire). Ces fouilles, commencées dès
1832 par M. Mac Ennery, ont été continuées par M. Austen, puis
par l'Association Britannique. — Reports of Geological Society,
1842. Reports of Committee for exploring Kent's cavern, 1865,
1866, 1867. Journaux anglais.

[2] Equus adameticus (?). Pictet, Paléontologie, I, p. 315. D'après
le professeur Rutimeyer, ce cheval est de très-grande taille, et
ses ossements se trouvent en nombre considérable dans les alluvions quaternaires anciennes.

faire découvrir aucun ossement humain ; mais la coexistence de l'homme avec les animaux que nous venons
de nommer était attestée de la manière la plus indubitable par 238 silex taillés, par des ossements calcinés,
par d'autres ossements fendus longitudinalement, par un
harpon barbelé en os et par une épingle parfaitement
polie d'une longueur de 8 centimètres environ[1]. La
position de chacun de ces objets était déterminée au
moment de la découverte avec l'exactitude la plus rigoureuse. Ainsi au-dessus de l'épingle trouvée sur le
sol même de la caverne le 3 janvier 1867, on a constaté 1^m,20 de terre rouge, une bande légère de terreau
noir, une couche stalagmitique de 50 centimètres d'épaisseur, parfaitement intacte et ne présentant aucune fis-
sure, une seconde couche de terreau noir et enfin une
brèche compacte, formée de blocs de pierre cimentés
par le carbonate de chaux, qui s'élevait jusqu'aux parois supérieures de la caverne.

Un des explorateurs, M. Vivian, s'est livré à quelques
calculs sur l'âge des débris ainsi recueillis. Selon lui, les
poteries de la couche supérieure seraient romaines, et
auraient par conséquent près de deux mille ans d'existence. La première couche stalagmitique remonterait à
4,000 ans av. J.-C., et se trouverait contemporaine de
l'époque la plus florissante de la civilisation égyptienne[2].
La seconde couche avait dans sa plus grande épaisseur
91 centimètres, et, en lui attribuant un accroissement
de deux millimètres et demi par mille ans, M. Vivian ar-
rive au chiffre énorme de 360,000 ans ! A ce compte, le
limon rouge de la caverne serait antérieur à coup sûr à
la période glaciaire, et les hommes qui taillaient les

---

[1] Nous ne parlons ici que des objets découverts dans les fouilles de 1866-67.

[2] Les fouilles de M. Mariette ont mis au jour nombre d'in-
scriptions et de statues remontant à 4,000 et à 4,500 ans av. J.-C.
Parmi elles, nous ne pouvons omettre l'admirable statue de
Chephren, une des merveilles de l'Exposition de 1867.

rudes silex qu'on y rencontre auraient été témoins de la grande révolution géologique qui sépara l'Angleterre de notre continent [1]. Cette opinion de M. Vivian n'est pas isolée. Le savant professeur Fulhrott estime que l'homme a vécu sur notre planète depuis deux ou trois cent mille ans. Sir C. Lyell, avec l'autorité qui lui appartient, porte à 200,000 ans la durée des grandes oscillations qui ont fait émerger le nord de l'Europe du sein de la mer, où des oscillations antérieures l'avaient plongé, et il admet comme probable que l'homme a été le contemporain de ces oscillations. Le docteur Dowler, en prenant pour base l'accroissement annuel des troncs d'arbres sous lesquels il reposait, donne au squelette de la Louisiane dont nous avons parlé une antiquité de 57,600 ans [2]. A ces calculs nous pourrions opposer ceux plus modérés de MM. Gilliéron [3], Morlot [4], Troyon [5], de Ferry [6], comme aussi nous pourrions les appuyer de ceux du professeur Vogt [7] et du baron Bunsen. Ce dernier, arrivant aux temps historiques, attribue à la civilisation égyptienne une antiquité de 20,000 ans. M. Renan, on le sait, ne lui en accorde guère moins [8], et les découvertes récentes des tables d'Abydos et de Memphis semblent donner raison à leurs appréciations, en reculant hors de toute attente les limites de la période historique, et en confirmant la longue suite des dynasties égyptiennes de Manéthon, que nous réputions fabuleuses. Il est possible que ces appré-

[1] L'idée de Forbes, que l'Angleterre était reliée à la Bretagne et à la Normandie, est aujourd'hui généralement admise. Les mêmes raisons militent en faveur de la jonction de l'Irlande et de l'Angleterre.

[2] Docteur Dally, Note sur Huxley, p. 320. — Vogt, L. XI.

[3] Notice sur les habitations lacustres du pont de Thiele.

[4] Bulletin de la Société Vaudoise, VI.

[5] Habitations lacustres, Lausanne, 1860. — L'Homme fossile, id., 1867.

[6] Gisements archéologiques des bords de la Saône.

[7] Leçons sur l'homme. Traduction Moulinié. Paris, 1865.

[8] Revue des Deux-Mondes, 1er avril 1865. — Voyez aussi Recherches sur les monuments qu'on peut attribuer aux six premières dynasties de Manéthon, par le Vte de Rougé. Paris, Impr. Imp., 1866.

ciations soient vraies. Il est possible que notre histoire écrite ne soit qu'un moment dans une série incalculable de siècles, comme le prétend M. A. Laugel [1]. Mais, dans l'état actuel de la question, convient-il d'ajouter, rien ne peut le prouver, et il paraît inutile de s'étendre plus longuement sur des calculs ne reposant que sur des faits isolés, sur des lois actuellement observées, qui ont pu, qui ont dû même être profondément modifiées durant le cours des siècles. Ils ne fournissent jusqu'à présent que des indices, et ne peuvent apporter à la discussion un élément certain. L'ethnologie nous donnerait peut-être des preuves plus sérieuses. En parcourant les palais et les tombeaux de l'Egypte, en contemplant ces peintures si étranges et si merveilleusement conservées de Karnac, de Medinet-Habou, de Bab-el-Molouk, je me suis souvent arrêté dans un muet étonnement devant les types d'une si frappante vérité qui s'offraient à moi. C'étaient des Juifs, des Hindous, des Egyptiens, des Nègres, nul ne pouvait s'y tromper ; ces types sont encore les types actuels et n'ont subi aucune modification appréciable. Or, si ces modifications, après un laps de plus de quarante siècles [2], sont si peu sensibles, quelle longueur de temps n'a-t-il pas fallu pour produire des différences aussi radicales que celles qui existaient, par exemple, entre les Aryas, les Mongols et les Nègres dès la construction des pyramides.

La linguistique, qu'on a si heureusement appelée la chimie organique des langues, et dont les progrès depuis quelques années ont été si considérables, vient aussi à notre secours, en nous apprenant que les Sémites, les Couschites et les Aryas, dont le berceau commun doit être placé dans le centre de l'Asie, forment un premier groupe, dont la division en trois rameaux est assez ancienne pour que chacun de ces peuples ait créé une famille de langues déjà parfaitement distinctes il y a plus de six mille ans.

---

[1] Revue des Deux-Mondes. 1863.

[2] Les premiers Nègres paraissent avoir été introduits en Egypte 2,300 ans av. J.-C.

Cette grande question de l'antiquité de notre race domine tout notre travail. Nous aurons l'occasion d'y revenir. Avant de la quitter ici, on nous permettra, pour répondre à une objection possible, de nous appuyer sur une Revue dont nul ne contestera l'orthodoxie, et de dire avec un des savants Pères qui la dirigent : « Ce n'est ni dans une date, ni dans une supputation d'années selon telle ou telle chronologie, que consiste la religion du Dieu Créateur des hommes[1]. »

III.

Les grottes présentent, nous venons de le montrer, tout un ensemble de civilisation et les traces les plus complètes que nous ayons encore de l'homme préhistorique. Peut-être eussions-nous dû suivre un ordre plus logique, et signaler tout d'abord les silex taillés qui se trouvent en si grande abondance dans les dépôts diluviens de nos vallées. C'est dans le bassin de la Somme que M. Boucher de Perthes les a constatés le premier. Depuis, les faits se sont multipliés. Les bassins de la Seine, de l'Oise, de la Charente, de la Loire, de la Dordogne, comme ceux du Rhin, de la Tamise, du Tage et du Pô, ont fourni des témoignages irrécusables de l'existence de l'homme. Je ne saurai omettre devant vous la vallée du Loir. Presque tous nous avons été témoins des découvertes de M. l'abbé Bourgeois, dans les tranchées faites à Vendôme pour l'établissement du chemin de fer[2], et ceux que la question intéresse spécialement peuvent voir au Musée quelques résultats des fouilles exécutées par notre éminent confrère. Dans nombre de ces alluvions, avec les silex semblables comme taille et comme forme à ceux des grottes, œuvre évidente des mêmes ouvriers, se trouvent les ossements du mammouth, du rhinocéros, de l'ours, du lion des cavernes, du grand cerf et de bien

---

[1] P. Jean. — Théories de sir C. Lyell. — Etudes religieuses, par des Pères de la Compagnie de Jésus, août 1868.

[2] Bulletin de la Société, 1865.

d'autres espèces éteintes, rarement des poteries ou d'autres objets travaillés par l'homme, plus rarement encore des ossements humains [1]. Ici les conclusions sont plus difficiles que pour les découvertes faites dans les cavernes. Nous savons seulement que les terrains sont quaternaires. Il est certain pour tout observateur attentif que la plupart n'ont jamais été remaniés, et que les pierres taillées qu'on y rencontre ne peuvent être dues qu'au travail des hommes. Nous ajouterons, en présence du nombre immense des silex déjà recueillis, de ceux qu'on recueille chaque jour, que les populations qui façonnaient ces instruments primitifs devaient être bien nombreuses ou remonter à une bien haute antiquité, pour avoir laissé des traces aussi considérables de leur passage sur cette terre.

Ces deux faits sont probablement vrais, et, pour faire partager la conviction qui m'anime, j'aurai recours à des voix plus autorisées que la mienne. Nous prendrons le bassin de la Somme, théâtre premier des curieuses découvertes qui nous occupent, et nous emprunterons à M. Delanoue la constitution géologique des environs d'Amiens [2]. Au-dessous du terrain moderne et au-dessous du lœss, dont l'épaisseur s'élève quelquefois jusqu'à dix mètres, nous dit-il, on trouve deux couches de diluvium: l'une rouge et superficielle, caractérisée par des cailloux réguliers et peu nombreux ; l'autre, profonde, de couleur grise, dont les cailloux arrondis ont été fortement roulés. Ces deux couches de diluvium, épaisses chacune de plusieurs mètres, sont séparées par une couche de dépôts lacustres qui renferme des coquilles d'eau douce, et qui atteint quelquefois jusqu'à cinq mètres de profondeur. C'est dans le diluvium gris ou inférieur, immédiatement au-dessus des terrains tertiaires, que se trouvent les débris de l'industrie primitive associés aux ossements du mammouth et du rhinocéros. Après la

---

[1] Garrigou. Etude comparative des alluvions quaternaires.

[2] Voyez aussi Lyell, Ant. of Man. — Troyon, l'Homme fossile.

première époque diluvienne, il y eut donc une longue période de calme, pendant laquelle des lacs d'eau douce se formèrent. Des changements successifs amenèrent la formation du diluvium supérieur, du lœss, enfin des terrains modernes. Ainsi, depuis que l'homme a vécu sur les bords de la Somme, quatre révolutions géologiques ont marqué de leur empreinte les lieux qu'il habitait, et, tandis que les débris de son industrie et les ossements des grands animaux aujourd'hui éteints se retrouvent en abondance, comme nous venons de le dire, dans le diluvium inférieur, on n'en aperçoit aucune trace dans les trois couches qui séparent ce diluvium de la terre végétale. L'homme exclu de ces lieux par l'accumulation des eaux lacustres n'a pu y reparaître qu'à une époque relativement récente, après la fusion des glaciers, auxquels M. Delanoue est porté à attribuer la formation du lœss.

Pendant la période glaciaire, dont M. Charles Martins[1] a donné une description si claire et si savante, une énorme calotte de glace couvrit peu à peu une grande partie de l'Europe. Beaucoup d'espèces livrées à la rigueur du froid périrent sans retour ; mais l'homme, protégé par son intelligence, sut échapper à la destruction. En heurtant le silex sur le silex pour tailler ses premières armes, il avait vu jaillir l'étincelle fugitive, il avait appris à la recueillir, et le feu, allumé d'abord pour ses rudes festins, fut selon toutes les apparences sa sauvegarde lorsqu'il eut à lutter contre l'inclémence d'un climat devenu glacial[2].

---

[1] Revue des Deux-Mondes (15 janvier, 1er février, 1er mars 1867). — M. Martins affirme deux périodes glaciaires. L'homme, selon lui, n'aurait été contemporain que de la seconde. Le professeur Ramsay croit en reconnaître jusqu'à trois — Nous citons ces opinions pour montrer combien tout dans cette question est encore vague et indécis.

[2] Docteur Broca. Histoire des travaux de la Société d'Anthropologie de Paris, t. II. Paris, 1863.

Dieu, en effet, réservait l'homme à de plus hautes destinées. Ni les rigueurs du climat, ni les animaux féroces, ni les difficultés de la vie, ne pouvaient arrêter l'essor ordonné par ses impénétrables décrets. Chaque jour ajoute aux progrès de la veille, et le diluvium révèle les mêmes lois que nous avons constatées dans les cavernes. Les silex trouvés dans les assises inférieures sont presque bruts ; dans les assises supérieures ils deviennent de véritables haches elliptiques, allongées, taillées à petits éclats. Dans l'assise superficielle enfin, ils annoncent par le fini de leur travail une civilisation comparativement avancée.

IV.

Nous n'avons guère parlé jusqu'ici que des produits du travail et de l'industrie de l'homme ; jusqu'à ces dernières années, c'étaient là en effet les seules preuves que nous eussions de son existence dans ces siècles reculés, dont la géologie seule recherchait les traces. Les fouilles plus soigneusement dirigées ont amené, sur tous les points du globe qu'on peut explorer, des découvertes chaque jour plus nombreuses d'ossements humains. Si quelques-unes de ces découvertes laissent encore des doutes, la plupart, établies avec un soin extrême, étudiées avec intelligence par les hommes les plus compétents, sont d'une authenticité incontestable. Nous sommes loin de ces temps où les plus savants acceptaient comme « l'homo diluvii testis » un gigantesque batracien[1]. Les premières découvertes sérieuses datent de 1823. Le docteur Buckland[2],

---

[1] Cuvier, on le sait, en grattant la pierre qui renfermait la salamandre découverte par Scheuzer en 1726, et déposée au Musée de Leyde avec la pompeuse inscription que nous rappelons, mit au jour ses pattes.

[2] Ossements humains de l'aviland (Glamorganshire). — Reliquiæ diluvianæ, Londres, 1823.

M. Amy Bouë[1], plus tard M. Boucher de Perthes, apportèrent des faits longtemps repoussés par la science officielle. Nous n'y reviendrons pas ici. Nous ne parlerons ni du crâne de Neanderthal[2], avec sa forme étrange accusant une infériorité bestiale, ni de celui d'Engis, contemporain peut-être de celui de Neanderthal, qui se rapproche de nos types européens[3], ni de la célèbre mâchoire de Moulin-Quignon[4], ni de la non moins célèbre grotte sépulcrale d'Aurignac[5]. Toutes ces questions ont été depuis longtemps élucidées par la science et par la libre discussion, et nous voulons nous appuyer sur des exemples plus récents et moins connus.

En 1859, M. le marquis de Vibraye, qu'il faut toujours nommer quand on parle des temps préhistoriques, a trouvé dans la couche inférieure de la grotte des Fées, située auprès d'Arcy-sur-Cure (Aube), une mâchoire humaine en contact avec des ossements d'ours, d'hyène, de rhinocéros et avec les débris de l'industrie humaine[6]. Notre savant collègue atteste que cette couche assez semblable au diluvium gris de Paris n'avait jamais été remaniée. Depuis, en 1863, si je ne me trompe, M. Fran-

---

[1] Lyell. Ant. of Man, App. C.

[2] Découvert en 1857 par le professeur Fulhrott, auprès d'Elberfeld (Prusse). Sa longueur est à sa largeur dans le rapport de 100 à 72. On crut d'abord que c'était le crâne d'un singe; le professeur Schaafhausen l'a restitué à l'espèce humaine. Consultez Lyell, Vogt, Huxley, etc., surtout un mémoire fort bien fait du docteur Davis, établissant ses caractères pathologiques. Il faut confronter avec la réfutation du docteur Thurnam (Nat. Hist. Review, 1865). Voyez aussi ce qu'écrit M. P. Gervais sur le crâne de Crespy, et le professeur Schaafhausen sur celui de Plau (Mecklembourg).

[3] Schmerling. Recherches sur les ossements fossiles de la province de Liége, 1833-34. Le crâne est au Musée de Liége.

[4] Boucher de Perthes. Paris, 1864. — Procès-verbaux de la commission d'enquête. Bull. de la Soc. d'Anth. Mai 1863.

[5] A une altitude de 430 mètres. — Voyez Lartet, Garrigou, Lyell, etc.

[6] Comptes Rendus de l'Académie des Sciences, 19 février 1864. Lyell, C. IX.

chet, que nous avons aussi l'honneur de compter parmi nous, retirait de cette même grotte une vertèbre humaine.

La Belgique nous fournit un riche contingent. Dès 1833, le docteur Schmerling avait découvert, dans la brèche osseuse de la caverne d'Engis, auprès de Liége, trois squelettes incomplets, et dans celle d'Engihoul de nombreux ossements humains. Encouragé par cet exemple, M. Dupont a fait à son tour de nombreuses fouilles dans les cavernes qui existent dans les vallées de la Lesse et de la Meuse[1]. Il affirme, dans un rapport adressé à M. le Ministre de l'Intérieur, que l'homme habitait ces cavernes avant la grande inondation qui couvrit toute la Belgique et tout le nord de la France, et à l'appui de son affirmation, il produit des ossements se rapportant à quatorze squelettes différents trouvés dans le seul trou de Frontal. Ces ossements, tantôt étreints par la stalagmite, tantôt entourés d'un limon grossier, tantôt comme écrasés sous des pierres d'un poids énorme, étaient dans un désordre à peine croyable, et qui ne peut s'expliquer qu'en admettant leur remaniement par les eaux. M. Van Beneden conclut même de leur enchevêtrement extraordinaire qu'ils étaient déjà dépouillés de leur chair et réduits à l'état de squelettes, quand ce remaniement eut lieu. Avec ces ossements M. Dupont put ramasser des silex, des coquilles percées pour servir d'ornements, une espèce d'urne en poterie très-grossière faite à la main, enfin des débris d'animaux se rapportant à la faune du renne. A l'entrée même de l'anfractuosité, les fouilles mirent au jour une dalle en calcaire dolomitique s'adaptant tellement aux dimensions de l'ouverture de cette petite galerie qu'il est évident qu'elle avait servi à la fermer. M. Dupont estime, et nous adoptons volontiers son opinion, que ce trou du Frontal avait servi de sépulture

---

[1] Fouilles des Cavernes de la Belgique. 2 vol. in-8°. Bruxelles, 1868. — Bulletin de l'Académie Royale de Belgique. — Mortillet, Mat. I, pp. 191, 498, etc.

aux habitants du pays avant le dépôt de l'argile jaune, à plus forte raison avant celui du lœss[1]. Il ajoute que le foyer, les charbons et les ossements brûlés dont il a constaté la présence, indiquent l'usage des repas funéraires, usage que M. Lartet avait déjà cru reconnaître à Aurignac. D'autres grottes belges ont également produit de nombreux débris humains. L'apparence singulière d'ossements d'enfants trouvés dans celle de Chauvaux a fait croire au docteur Spring qu'ils étaient les restes d'un repas de cannibales[2]. M. Dupont a fait la même observation pour des ossements recueillis à Chaleux[3] ; le professeur Owen, pour des crânes d'enfants trouvés en Ecosse[4] ; M. Charvet enfin a déposé au Musée de Grenoble un fragment de crâne humain, taillé en coupe à boire, qui semblerait conduire à la même supposition[5]. On peut réfuter cette opinion par la remarque que les ossements humains sont rarement fendus longitudinalement[6] pour en retirer la moëlle, comme cela a lieu si fréquemment pour les ossements des ruminants et même pour ceux des grands carnassiers. Dans l'état actuel de nos connaissances, il faut se garder de conclusions trop absolues. L'anthropophagie existait probablement sur plu-

---

[1] Le lœss ou lehm est une couche de limon formée par les alluvions, et reposant sur le gravier. — Voy. Lyell, Ant. of Man, c. XVI.

[2] Les hommes de Chauvaux et d'Engis. — Bulletin de l'Académie Royale de Belgique, XVIII.

[3] II, p. 56.

[4] Société des Antiquaires de Londres, 20 décembre 1864. Le rev. F. Porter appuie cette théorie par des découvertes faites par lui à Scarborough. — Voy. aussi Laing, Prehistoric Remains of Caithness. London, 1866, pp. 29 et 54.

[5] Bulletin de la Société de Statistique de l'Isère. — Chantre, Grottes du Dauphiné.

[6] Voyez les découvertes de M. Delgado, dont nous parlons plus loin. — Garrigou et Filhol, Age de la Pierre polie. — Marion, Fouilles de Saint-Marc, près d'Aix.

sieurs points ; mais rien, jusqu'à présent, ne prouve qu'elle ait été générale chez nos ancêtres[1].

Pour terminer ce que nous voulons dire des remarquables travaux de M. Dupont, en 1866, ce savant a trouvé à la Naulette[2], sous une couche d'argile grise et cinq nappes plus ou moins continues de stalagmites, à une profondeur de 4m,50, une mâchoire humaine avec les débris parfaitement caractérisés du mammouth et du rhinocéros. Cette mâchoire serait donc plus ancienne que les ossements dont nous venons de parler, et se rapporterait probablement à la même époque que celle découverte à Arcy par M. le marquis de Vibraye. Il convient donc de signaler les grandes ressemblances qui existent entre ces deux mâchoires. L'une et l'autre présentent la même épaisseur, la même courbe elliptique et le même caractère de prognathisme.

En novembre 1865, le docteur Faudel a trouvé à Eguisheim, dans le lehm de la vallée du Rhin, un frontal et un pariétal humains[3]. Dans ce même lehm, M. Faudel put constater la présence du mammouth, du grand cerf et d'autres animaux quaternaires. Les ossements humains présentaient la même coloration blanche, happaient à la langue, et paraissaient avoir subi des altérations identiques à ceux de ces animaux. Aucun doute sérieux ne s'est élevé sur leur contemporanéité.

La caverne de Bruniquel[4], exploitée par M. Garrigou et plusieurs de ses amis, avait déjà produit deux frag-

---

[1] Lehon, L'Homme fossile, p. 107. — Voy. aussi l'intéressante discussion du Congrès paléoanthropologique de Paris, 1867. L'opinion des savants membres du Congrès penchait évidemment pour le cannibalisme des races primitives.

[2] Fouilles des Cavernes de la Belgique, I et II.

[3] Découverte d'ossements fossiles dans le lehm de la vallée du Rhin, Colmar, 1867. Ce lehm atteint quelquefois une profondeur de 67 mètres.

[4] Tarn-et-Garonne.

ments de mâchoire humaine, trouvés sous une brèche d'une telle dureté, qu'il fallut employer la poudre pour la faire sauter. Ces débris humains étaient pris dans une argile remplie de charbons, de silex taillés, d'os de ruminants et d'oiseaux, parmi lesquels l'humérus d'un oiseau de forte taille, sur lequel était sculpté un poisson [1]. Dans cette même commune de Bruniquel, M. Brun découvrit, en 1865, au gisement de La Faye, un squelette d'adulte presque complet, les débris de celui d'un enfant ; puis, en 1866, une autre tête humaine enchâssée dans la stalagmite. Tout autour, des silex taillés, des mâchoires de renne, de blaireau, la tête entière d'un jeune sanglier et une poterie noirâtre très-grossière. Ce gisement était remarquable, et à ce titre il mérite d'être mentionné, par la quantité considérable de poinçons [2], d'aiguilles [3], de bois de renne, et d'incisives de petits ruminants, percés pour servir d'ornements ou d'amulettes [4].

Comme M. Brun à Bruniquel, M. de Ferry nous fait connaître à Solutré (Saône-et-Loire) toute une station préhistorique [5]. Les foyers étaient encore recouverts de larges dalles, et sous ces dalles on retrouvait des débris de silex taillés, des ossements brûlés de toute sorte. De nombreux tombeaux ont porté jusqu'à nous le témoignage des soins de cette peuplade primitive pour ses morts. La plupart malheureusement avaient été violés ; et ce fut à grand'peine que M. de Ferry put en rencontrer un intact. Le squelette était couché sur un lit

---

[1] Troyon, L'Homme fossile, p. 85.

[2] D'une longueur de 6 à 15 centimètres.

[3] De 19 à 105 millimètres de longueur.

[4] Notice sur les Fouilles de l'Age de pierre à Bruniquel et Saint-Antonin. Montauban, 1867. Voy. aussi le travail de M. de Lastic sur l'antiquité des débris trouvés à Bruniquel. Congrès de Paris, 1867, pp. 119 et suiv.

[5] Ancienneté de l'Homme dans le Mâconnais, Gray, 1867. — Revue du Lyonnais, janvier 1868. — Mortillet, Mat. 1868, pp. 35, 102, etc.

très-épais d'ossements de cheval brûlés et pilés, et ren-
fermé entre des dalles de pierre. Les dalles présentaient
un équarrissage grossier, obtenu facilement par le choc
d'une pierre sur une autre pierre; elles ont cependant
laissé des doutes dans beaucoup d'esprits sur le de-
gré d'ancienneté de cette sépulture. Ce serait le premier exemple connu d'un cadavre de l'âge de pierre,
placé après sa mort dans un véritable tombeau. M. de Ferry peut cependant invoquer, à l'appui de l'opinion qu'il
soutient avec persévérance, non-seulement l'autorité du
docteur Pruner-bey, qui, après un examen attentif des ossements, a reconnu tous les caractères typiques de ceux
appartenant à l'âge du renne, mais aussi de récentes découvertes en Écosse. M. Laing a trouvé à son tour auprès
de Caithness[1] un squelette couché dans un cercueil de
pierres grossièrement taillées, remontant certainement
à la plus haute antiquité, et selon toutes les probabili-
tés contemporain de l'époque du renne en France. Les
silex, les instruments en os recueillis dans la même
tombe étaient, devons-nous ajouter, d'un travail bien
plus grossier que ceux du diluvium d'Abbeville ou de nos
grottes du midi.

Des ouvriers, en ouvrant il y a quelques mois une
tranchée pour le passage d'un chemin de fer, mirent
au jour sept squelettes aux Eyziès (Dordogne), où déjà
MM. Lartet et Christy avaient fait des découvertes si fructueuses pour la science[2]. M. Louis Lartet, envoyé immédiatement par M. le Ministre de l'Instruction publique,
ne parvint malheureusement à en conserver que deux.
Il rendit compte de sa mission, le 16 avril 1868, à la réunion des Sociétés savantes à la Sorbonne. Les squelettes, recouverts par d'abondants détritus accumulés pendant une longue suite de siècles, reposaient sur la terre
nue. A côté on put recueillir des colliers en coquilles

[1] Prehistoric Remains of Caithness. London, 1866, p. 15.

[2] Reliquiæ Aquitanicæ. Paris, 1864 et années suiv. — Mortillet, Mat. 1868, p. 150.

marines, des pendeloques en ivoire, des silex taillés et des ossements d'animaux, parmi lesquels le renne était le plus remarquable. Les ossements humains dénotent des individus de grande taille. Les crânes sont dolichocéphales [1], et leurs parois assez minces. Notons ces faits ; ils sont contraires aux suppositions actuelles des anthropologistes, qui prétendent que les hommes des races primitives étaient petits et brachycéphales [2].

M. Delgado a découvert en Portugal, dans la grotte de Cesareda, de nombreux ossements humains [3]. Presque tous ces ossements avaient été fendus dans le sens de leur longueur ; quelques-uns même conservaient encore les impressions d'armes tranchantes. Plus tard, M. Pereira da Costa a rencontré dans cette même grotte un fémur humain évidemment taillé [4] Etaient-ce les restes d'un festin de cannibales ? Cela est possible, et c'est un des exemples, répéterons-nous, sur lesquels on peut le plus s'appuyer pour défendre cette opinion. Avec ces ossements M. Delgado a constaté des fragments de charbons et de poteries, des silex polis et des plaques de schiste, sur lesquels on pouvait encore apercevoir de faibles traces de dessin. La découverte postérieure d'une lame de poignard en bronze très-réduite et très-usée a fait attribuer cette station à l'époque de transition de la pierre au bronze.

Les ossements humains de l'âge de pierre sont rares dans la Grande-Bretagne [5]. Dès 1858 cependant, le docteur Falconer signalait des débris humains à Brixham ;

[1] On appelle crânes dolichocéphales ceux dont le diamètre antéropostérieur est plus grand que le diamètre transversal ; crânes brachycéphales, ceux où ces deux diamètres tendent à se rapprocher. Il existe plusieurs sous-divisions, dont l'examen nous entraînerait trop loin.

[2] Broca, Séance de la Sorbonne.

[3] Noticia acerca das grutas da Cesareda. Lisbonne, 1867. Voy. aussi un travail du même savant sur les squelettes trouvés au cabeço da Arruda. Lisbonne, 1865.

[4] Congrès anthropologique de Paris, 1867. Compte Rendu, p. 32.

[5] Dawkins. Congrès anthropologique de Paris, pp. 94 et 95.

depuis, M. Poole en a également trouvé dans le comté de Somerset[1]. Ces derniers étaient à neuf mètres environ au-dessous de la surface du sol et recouverts par une couche de tourbe. Au-dessus de cette tourbe, les explorateurs ont pu constater les débris des grands mammifères aujourd'hui éteints.

M. Regnoli a exploré 70 cavernes, tant en Toscane que dans les Alpes-Apuennes. Neuf seulement ont présenté soit des ossements humains, soit des débris de l'industrie humaine[2]. Parmi elles, la grotte de l'Onda, au pied du mont Matana, offre cette particularité assez curieuse, que les ossements du grand ours, annonçant une antiquité reculée, sont associés à des haches en diorite, en jade, à des silex polis, à des animaux domestiques comme le bœuf et la chèvre, qui indiquent au contraire une époque relativement moderne.

Terminons ces citations par une découverte encore, croyons - nous, inédite. M. Bertrand, élève distingué du collége Chaptal, a trouvé, au mois de mai dernier, dans une sablière, à 70^m environ de la barrière de Clichy, à 1^m au-dessous du niveau actuel de la Seine, un squelette, dont on n'a pu malheureusement conserver qu'un petit nombre de fragments. Le terrain où il a été découvert appartient, selon l'opinion des plus éminents géologues, à la formation quaternaire. Il repose sur des marnes blanches d'eau douce et sur du calcaire de Saint-Ouen ; enfin, de l'avis de tous ceux qui l'ont visité, il n'a jamais été remanié. Les débris humains observés par M. Bertrand sont donc parfaitement authentiques. Ils appartenaient à un individu adulte, et, selon toutes les apparences, du sexe féminin. La tête, un peu aplatie, présentait des caractères dolichocéphaliques remarquables. Tout à côté on a rencontré un silex grossièrement taillé, les débris du mammouth, du grand hippopotame, assez rare dans l'Europe septentrionale, du grand cerf d'Ir-

---

[1] Geological Society, 6 janvier 1864.
[2] Ricerche paleoetnologiche nelli Alpi Apuane. Mortillet, Mat. 1867. p. 496.

lande, de plusieurs espèces de bœuf et de cheval, et enfin d'un antilope. Quelques jours après, M. Bertrand trouvait au même endroit plusieurs dents du grand lion des cavernes [1].

Chaque jour amène des faits nouveaux et intéressants. Nous pourrions donc continuer longtemps ces rapides analyses ; mais nous avons, il nous semble, rempli le but que nous nous proposions, et surabondamment répondu aux objections contre l'existence de l'homme dans ces temps reculés, objections fondées sur l'absence d'ossements humains. Ces ossements sont encore en petit nombre, il est vrai, si on les compare aux immenses débris de la faune quaternaire, semés pour ainsi dire sur le globe entier. Ils prouvent cependant sans réplique la coexistence de l'homme avec ces grands animaux disparus pour toujours.

V.

L'époque quaternaire est-elle le terme extrême que nous devons attribuer à l'humanité ? Il y a bien peu de temps, la plupart de ceux qui s'occupent de la question eussent répondu affirmativement. Dès 1863 cependant, M. Laugel écrivait : « Qui sait si l'on n'extraira pas quelque jour des restes humains d'un terrain antérieur même au terrain diluvien [2]. » Les résultats de nouvelles et consciencieuses recherches ont donné quelque force à son opinion, et peuvent faire supposer que l'homme a vécu en Europe dès l'époque tertiaire. Durant cette période, notre continent était recouvert en grande partie par la mer ou par des lacs immenses. Les vallées qui accidentent d'une manière si heureuse nos régions, les canaux à falaises escarpées qui séparent la France, l'Angleterre, l'Irlande, n'existaient pas encore. La Sicile était jointe à

[1] Felis spelea ? ou Machairodus latidens ?
[2] Revue des Deux-Mondes, 1863.

l'Afrique ; l'Europe était peut-être unie à l'Amérique par cette mystérieuse Atlantide dont parle Platon. Ce qui est certain, c'est que la terre ne ressemblait sur aucun point à nos continents actuels. Si l'homme vivait déjà, ses regards portaient, aussi loin qu'ils pouvaient s'étendre, sur des plaines marécageuses, sur des cours d'eau à peine encaissés, habités par des hippopotames et des crocodiliens énormes [1], sur des forêts immenses peuplées d'animaux à la forme étrange et à la taille gigantesque. Ce caractère de plaines marécageuses, sans cours d'eau encaissés, aboutissant à des mers sans falaises, a été, selon M. Hébert [2], à qui nous empruntons la plupart de ces détails, le propre de longues périodes géologiques qui ont duré jusqu'à la fin de l'époque tertiaire. Pour se faire une idée de ce qu'était alors notre Europe, continue-t-il, il faut lire la description de l'Afrique centrale du voyageur anglais Livingstone ; même relief général, même sol fangeux, insalubre, impropre à la civilisation ; mêmes animaux, pullulant à l'aise dans les mêmes conditions. Ajoutons un autre trait de ressemblance : la température était, selon toutes les apparences, sensiblement plus élevée que notre température actuelle, et devait se rapprocher de celle de l'Amérique du Sud [3]. La faune et la flore favorisent également cette supposition. Rien dans tous ces faits n'exclue a priori l'existence de l'homme durant l'époque tertiaire, rien ne s'oppose à ce qu'il pût vivre là où vivaient les éléphants et les cerfs, là où les pins, les hêtres, les peupliers et les

---

[1] Pictet, Paléontologie, I, p. 475.

[2] Oscillations de l'écorce terrestre. Auxerre, 1866.

[3] O. Heer. Recherches sur la végétation du pays tertiaire, traduit par M. Gaudin. Genève, 1861. — Selon l'auteur de ce très-remarquable travail, la température moyenne de l'éocène était de 13° plus élevée que notre température actuelle : celle des diverses phases du miocène, de 9 à 7° ; celle du pliocène, de 3°. Ces faits, observés plus particulièrement pour la Suisse, sont sans doute également vrais pour le reste de l'Europe.

charmes s'élevaient à côté des palmiers, des camphriers et des canneliers [1]. Mais si l'homme pouvait vivre, a-t-on des preuves évidentes, assurées de son existence? C'est là ce qui nous reste à examiner.

Le savant M. Desnoyers avait remarqué le premier [2] des traces d'incisions très-nettes et très-régulières sur un grand nombre d'ossements de l'elephas meridionalis, du grand hippopotame, et de plusieurs espèces de cerfs trouvés dans les sablonnières de Saint-Prest, auprès de Chartres (terrain tertiaire supérieur ou pliocène [3]). Quelques-uns de ces os avaient été fendus, et les crânes des cerfs paraissaient avoir été brisés par des instruments contondants. Comme toutes les nouveautés, l'opinion de M. Desnoyers fut vivement controversée. Des doutes subsistaient chez beaucoup de bons esprits ; ils ont été levés par la découverte, faite dans les mêmes sablonnières par M. l'abbé Bourgeois, de silex taillés se rapportant aux types déjà connus [4].

A la réunion de la Société italienne des Sciences Naturelles, en 1865, le professeur Ramorino produisait à son tour des ossements pliocènes portant des impressions qui paraissaient l'œuvre de l'homme [5].

---

[1] O. Heer, p. 186. Il cite 42 espèces appartenant à la flore tertiaire et actuellement encore vivantes.

[2] Comptes Rendus de l'Académie des Sciences, juin 1863. — Bulletin de la Société, janvier 1864. — Les ossements observés par M. Desnoyers sont déposés à l'Ecole des Mines, au Musée de Chartres et dans la collection du feu duc de Luynes.

[3] Sir C. Lyell appelle couches éocènes celles qui renferment en très-faible proportion les mollusques actuellement vivants ; miocènes, celles où cette proportion varie de 17 à 35 %; pliocènes enfin, celles où elle dépasse ce dernier chiffre. Les terrains post-pliocènes sont ceux où dominent les mammifères des espèces éteintes ; les terrains récents, ceux où l'on trouve principalement nos espèces actuelles.

[4] Comptes Rendus de l'Académie des Sciences, 7 janvier 1867.

[5] Mortillet. Mat. II.

L'existence de l'homme à l'époque pliocène serait prouvée d'une manière plus certaine encore par la découverte d'un squelette humain sur le faîte d'une petite colline nommée Colle del Vento, dans l'enceinte même de la ville de Savone[1]. Ce squelette gisait dans une marne appartenant au pliocène inférieur[2], qui le recouvrait entièrement. Il n'a été possible de conserver que quelques débris, qui semblent avoir appartenu à un homme adulte et de petite taille. Le crâne était brisé, le maxillaire gauche présentait un prognathisme assez développé. Malheureusement M. Issel, à qui nous devons ces détails, n'a pas été lui-même témoin des fouilles qu'il a racontées; jusqu'à plus ample informé, il convient donc d'accepter ces faits avec quelque réserve.

La même réserve nous est imposée pour les ossements fossiles trouvés en 1844 à Denise, auprès de la ville du Puy, dans un tuf volcanique[3]. Leur authenticité, longtemps et passionnément contestée, est aujourd'hui généralement admise, et on ne discute guère que l'antiquité plus ou moins grande qu'il convient de leur attribuer.

Remontons encore l'échelle des siècles. M. l'abbé Delaunay, professeur au collége de Pont-Levoy, a vu l'année dernière découvrir devant lui, dans les faluns de Pouancé (Maine-et-Loire), à la base d'une assise de l'étage miocène supérieur, parfaitement en place et non remaniée, les débris d'un halitherium[4]. Les fragments de

---

[1] Congrès anthropologique de Paris, 1867, p. 75. — Hamy. Gazette de médecine et de chirurgie, janvier 1868.

[2] Près de la moitié des coquilles qui s'y rencontrent appartiennent à des espèces éteintes.

[3] Bulletin de la Société Géologique, 1844, 1845, 1847. — Pictet I, p. 152. — Il faut aussi rechercher si ce tuf volcanique appartient bien à la formation tertiaire.

[4] Grand cétacé qui vivait probablement sur les côtes de la mer et à l'embouchure des fleuves. On le trouve depuis le calcaire grossier jusqu'au pliocène inclusivement (Pictet, Paléontologie, I, p. 373).

côtes et d'humérus extraits devant M. Delaunay lui-même, portaient de profondes incisions. Ces incisions, qui ne pouvaient provenir que du fait de l'homme, présentaient le même état de décomposition que le reste de la surface de l'os ; la dureté des fossiles conduirait d'ailleurs naturellement à supposer qu'elles avaient dû être faites sur l'os encore frais. Il faut ajouter que, jusqu'à présent, l'halitherium n'a jamais été rencontré dans les terrains quaternaires.

M. l'abbé Bourgeois annonçait, au Congrès d'Anthropologie tenu à Paris au mois d'août 1867 [1], qu'il avait découvert à Thenay, auprès de Pont-Levoy, dans les différentes couches de l'assise des calcaires de Beauce, qui appartiennent au miocène moyen, peut-être même au miocène inférieur, des silex taillés L'aspect général de ces instruments dénote un travail grossier ; on y observe cependant des retouches fines et faites avec habileté, des entailles, des traces d'usure et la reproduction multipliée de certains types [2]. Beaucoup de ces pierres étaient déformées par l'action du feu. Il faut donc admettre que l'homme était déjà en possession de cet élément, car notre savant collègue se refuse, avec raison, à attribuer à l'action de la foudre un phénomène qui se présente dans des localités séparées par des distances de 30 à 40 kilomètres ; on dirait, continue-t-il, que des habitations lacustres, situées sur les rivages de l'ancien lac de Beauce et semblables à ceux de la Suisse, ont été détruites par un incendie. Avec les silex taillés, M. Bourgeois signale les débris de l'acerotherium ou rhinocéros à quatre doigts, et immédiatement au-dessus, dans les sables fluviatiles de l'Orléanais, une pâte grisâtre assez dure, premier essai

---

[1] Compte Rendu, p. 67.

[2] Nul ne peut sérieusement contester l'opinion de M. Bourgeois, un de nos maîtres les plus compétents, quand il affirme que ces silex sont taillés ; cette appréciation au surplus a été partagée par la presque unanimité des membres du Congrès de Paris, notamment par M. Worsaae, le savant directeur du Musée de Copenhague (Mortillet. Mat. I, p. 180).

peut-être de céramique [1], mêlée aux ossements du mastodonte [2] et du dinotherium [3].

Pour terminer enfin tout ce qu'on sait actuellement de l'homme tertiaire, rappelons le moulage d'un crâne dont l'original est déposé au musée de Florence, et qui, lors de l'Exposition universelle, a attiré l'attention de tous ceux qui se préoccupent de cette grande question de l'origine et de l'ancienneté de notre race [4]. Ce crâne a été trouvé par M. le professeur Cocchi dans l'argile plastique d'une vallée latérale de l'Arno (étage miocène inférieur). Mais, dans cette même couche, au milieu d'ossements d'animaux éteints, on a rencontré une pointe de flèche en silex poli, ce qui a jeté un certain doute sur la découverte de M. Cocchi, en permettant de croire que les terrains où elle était faite avaient été précédemment remaniés.

Si tout ce que nous venons de raconter est exact, nous retrouvons l'homme à l'étage pliocène et à l'étage miocène de la période tertiaire. Ce sont là des faits d'une portée considérable, dont les conséquences, il ne faut pas se le dissimuler, sont plus considérables encore. Nous sommes en présence d'un inconnu immense, où les siècles disparaissent comme les années. Aussi persistons-

---

[1] Mortillet, Mat. IV, pp. 80, 179, et s. — Hamy, ut suprá. — Dally, Add. à Huxley, Paris, 1868.

[2] M. angustidens, M. tapiroides. Immense proboscidien, qui diffère de l'éléphant par sa denture. Il paraît n'avoir habité l'Europe qu'à l'époque tertiaire. Pictet, I, p. 286.

[3] D. Cuvieri, l'un des animaux les plus singuliers de toute la faune fossile. Pictet le range dans les sirenoïdes (I, p. 369). Il apparaît subitement vers le milieu de l'époque tertiaire, et disparaît peu après.

[4] Vogt, Alcuni Cranii humani, Torino, 1866. — Hamy, ut suprá. — Mortillet, Mat. III, p. 431 ; IV, p. 206. — Revue des Deux-Mondes, avril 1867. — Pruner-Bey, Bulletin de la Société d'Anthropologie, décembre 1867.

nous dans les réserves[1] que nous avons faites, et croyons-
nous qu'il ne faut pas hasarder trop tôt des affirmations
que les affirmations de demain renverseront ou modifie-
ront peut-être[2]. Ajoutons une dernière remarque : toutes ces découvertes ne s'écartent guère de l'Europe ; il serait très-intéressant que les mêmes explorations pussent
être faites en Afrique, et surtout en Asie, ce berceau tra-
ditionnel de notre race. Ces explorations amèneraient
assurément des résultats curieux, peut-être même bien
inattendus. Ce sera, espérons-le, l'œuvre des générations qui nous succéderont, et à qui il sera alors donné
d'élucider une question que nous ne pouvons encore
que poser.

VI.

Une conclusion bien frappante ressort de tout notre
récit, c'est que l'homme, tant haut qu'on puisse le faire
remonter, a toujours été ce qu'il est encore aujourd'hui.
Parmi les nombreux ossements humains qu'on a recueillis, aucun n'appartient à une humanité différente de la
nôtre. Au congrès paléontologique de 1866, M. Vogt fut
le premier à reconnaitre qu'un crâne remontant incontes-
tablement à l'âge de pierre se rapportait entièrement au
type actuel helvétique[3]. M. de Quatrefages a démontré,
aux applaudissements d'une assemblée nombreuse[4], que
la mâchoire de Moulin-Quignon offrait une ressemblance

---

[1] Nous sommes heureux de nous rencontrer sur ce point avec
le savant M. Bourgeois.

[2] Voyez aussi (car ici il faut tout citer) les communications
de M. Laussedat et de M. Garrigou à l'Académie des Sciences
(Séances des 13 et 20 avril 1868).

[3] Compte Rendu du Congrès de Neufchâtel.

[4] Sorbonne, Avril 1866.

frappante avec les mâchoires des races finnoises actuelles, qui, avec les Basques, représentent, on le sait, la faune humaine la plus ancienne de l'Europe [1]. M. Huxley lui-même est forcé de convenir que l'homme du rhinocéros et du mammouth ne se rapproche d'aucune forme inférieure, et d'attendre de l'avenir des preuves que le présent refuse à ses conjectures [2].

Rien, absolument rien, n'est donc venu justifier les théories si à la mode de nos jours, et dont il me faut bien dire un mot, car elles se rattachent intimement à la question qui nous occupe [3]. Des atômes, selon d'illustres savants, se rencontrent dans l'espace. Par une combinaison chimique aussi inexpliquée qu'inexplicable, la vie sort du néant [4]. Des milliers, des millions de siècles s'écoulent. Ces vibrions, ces monades, tous ces infusoires, qu'on ne peut apercevoir qu'avec de puissants microscopes, arrivent par la loi de l'élection naturelle et la concurrence vitale (ce sont les mots de l'école), en traversant tous les ordres zoologiques par des modifications graduelles, à ces grands et puissants mammifères, au groupe anthropomorphe enfin, composé des quatre singes supérieurs, le chimpanzé, le gorille, l'orang et le

---

[1] Voyez sur toute cette question Isidore Geoffroy-Saint-Hilaire. Essai de Zoologie générale.— Godron. De l'Espèce et des Races, Paris, 1859.

[2] Traduction Dally, p. 317.

[3] Huxley, et surtout les notes de son traducteur, le docteur Dally. — Vogt. — Cosmos, février 1868. — La Pensée Nouvelle, 1867-1068. M. Darwin, le chef de l'école, n'ose pas tirer des conclusions aussi radicales des prémisses qu'il pose.

[4] Il faut consulter sur l'hétérogénie et la génération spontanée les savants travaux de M. Pasteur et le rapport si concluant de la commission de l'Académie des Sciences (Comptes Rendus, 1865). Il suffit de nommer les membres de cette commission, MM. Flourens, Dumas, Brogniart, Milne-Edwards et Balard. Dans le sens contraire, les publications de MM. Pouchet, Joly, Musset, et le résumé de la question par M. Pennetier méritent aussi une étude attentive.

gibbon, et de l'homme, leur congénère [1]. Je voudrais parler avec respect de ces théories, appuyées souvent d'une science remarquable ; mais il m'est impossible de ne pas joindre mon humble mais énergique protestation à celles qui se sont élevées de toutes parts. Il est autre chose dans la nature que des molécules ; il est autre chose dans la nature que des forces. Un abîme sépare la matière inerte de la matière vivante. Un abîme non moins grand sépare la vie animale de la vie intellectuelle, et, jusqu'à ce jour, aucun fait, aucune théorie, n'a pu fournir même un grain de sable pour combler ces abîmes.

Serrons de plus près la dernière partie de la question, les rapports de l'homme et du singe. Les circonvolutions cérébrales ne sont pas, comme on l'a cru longtemps, des plis irréguliers. L'ordre le plus constant préside à leur distribution, et à ce point de vue le cerveau du chimpanzé ne diffère du cerveau humain, il faut le reconnaître, que par d'infimes différences [2]. L'analyse chimique nous conduirait également aux mêmes résultats, peut-être à la même quantité de phosphore [3]. Mais, en nous bornant pour le moment au côté purement matériel de la question, l'illustre et si regrettable Gratiolet [4] a démontré, avec le secours de l'embryogénie (et jusqu'à présent ses assertions sont restées sans réponse), que ces deux types cérébraux se distinguent essentiellement par le mode de dévelop-

[1] Cette opinion, qui étonne nos contemporains, n'est pas nouvelle. Linné classait déjà homo sapiens (l'homme), homo troglodytes (chimpanzé), homo satyrus (orang), et homo lar (gibbon).

[2] Broca. Bulletin de la Société d'Anthropologie, n° 2, 1863. — Lyell, Ant. of Man, c. XXIV, p. 480.

[3] Faut-il rappeler ici ce mot d'un matérialiste allemand : « Ohne phosphor kein gedanke » ?

[4] Mémoire sur les plis cérébraux de l'homme et des primates. —Mémoire sur la microcéphalie et sur les caractères du groupe humain. — Voyez aussi sa communication à l'Académie des Sciences (août 1864) sur les différences typiques entre la main de l'homme et celle du singe.

pement successif des circonvolutions ; que celles qui, chez l'homme, paraissent les premières, se forment chez les singes après toutes les autres. Il en résulte que si une cause quelconque arrête le développement du cerveau d'un enfant, cet organe, au lieu de se rapprocher de l'organe du singe, en diffère de plus en plus. Le cerveau d'un Pascal ou d'un Newton ressemblerait donc au cerveau d'un singe, tandis que celui d'un microcéphale idiot en différerait notablement. Est-il besoin d'une preuve plus évidente, que ce n'est pas dans la matière cérébrale qu'il faut placer le principe de notre intelligence, et que ce n'est pas par la ressemblance physique des cerveaux qu'on peut justifier notre origine simienne ?

Sans développer plus longuement notre pensée, nous ajouterons encore que la faculté du langage constitue aussi un caractère spécifique et parfaitement constant de l'intelligence humaine, caractère qui n'appartient à aucun autre ordre, et que la menstruation n'existe pas chez les animaux [1]. La compagne de l'homme ne devait pas être avilie par les appétits brutaux de la femelle de l'animal.

Quand même d'ailleurs l'anatomie, la physiologie et la chimie s'uniraient pour nous montrer le singe semblable de tous points à l'homme, nous protesterions plus énergiquement encore. Non, nous le répétons, le principe de notre intelligence ne réside ni dans les plis de notre cerveau, ni dans la constitution chimique de nos organes. Ce principe insondable et inscrutable, qui échappe à la conception comme à l'analyse de l'homme, appelez-le comme vous voudrez : âme, esprit, lueur, principe vital ; pour moi, je ne puis que le proclamer l'immortel reflet du Créateur, et c'est surtout dans cette pensée que j'ajoute-

---

[1] Béclard. Traité de Physiologie humaine, éd. 1855, p. 847. Cette autorité considérable m'avait trompé ; après la lecture de mon travail, je me suis assuré que la menstruation existait chez les femelles des singes, et même, selon M. de Blainville, chez les chéiroptères.

rai avec M. Flourens : « L'homme seul n'a nulle espèce voisine, nulle espèce consanguine[1]. »

Pour terminer ce trop long travail, hâtons-nous de répéter encore une fois que si nous pouvons affirmer l'existence de l'homme à l'époque quaternaire, avant ces grandes catastrophes qui ont marqué notre globe d'une empreinte si profonde[2], là s'arrêtent aujourd'hui les efforts de la science. Au delà il n'est plus que des hypothèses dont il est trop facile d'abuser. Continuons donc nos recherches. Notons avec soin, avec une scrupuleuse exactitude, les faits en apparence les plus insignifiants. Ce sont les grains de sable amoncelés qui forment les magnifiques monuments, et, par-dessus tout, restons persuadés que la science vraie ne peut, ne pourra jamais ébranler les bases de la révélation divine.

[1] Ontologie Naturelle, p. 69.
[2] Troyon, L'Homme Fossile, pp. 145 et suiv.

Addition à la note 1 de la page 33.

Comme limites extrêmes, à ma connaissance du moins, on peut citer un crâne tartare dont la largeur est à la longueur dans le rapport de 977 à 1000, et un autre crâne, probablement australien, dont la largeur est à la longueur dans le rapport de 629 à 1000.

FIN.

DISCOURS

Prononcé dans la Séance de la Société

du 14 janvier 1869

Mon premier devoir, Messieurs, est de vous remercier du grand honneur que vous m'avez fait en m'appelant à la Présidence de notre association. Je n'ai d'autres titres à invoquer auprès de vous qu'une profonde admiration pour la science, qu'un profond dévouement à ses progrès. Ces sentiments nous sont communs à tous ici; et qui donc ne les éprouverait en présence des grandes choses accomplies par notre génération, en présence des merveilles qui placent le XIXe siècle au premier rang parmi les siècles de l'histoire? Mesurez, si vous le pouvez, les progrès véritablement prodigieux auxquels toutes les races, toutes les nations ont participé depuis qu'une paix bienfaisante est venue remplacer ces longues et sanglantes guerres, le fléau, et pourquoi n'achèverai-je pas ma pensée? la honte de l'humanité. Depuis cinquante ans, la science a peine à enregistrer ses conquêtes de chaque jour, et jamais, dans une période aussi courte, les connaissances humaines n'ont présenté un égal développement.

Hier, MM. Kirchoff et Bunsen nous démontraient d'une manière évidente la composition du soleil. La chimie repose sur des méthodes nouvelles. La géodésie, la météorologie, la physique du globe ouvrent à la science de larges horizons. Les études microscopiques ont révélé

tout un monde inconnu ; et la physiologie a pu constater
jusque chez ces infiniment petits les mêmes lois éter-
nelles d'amours et de luttes, de vie et de mort. Ce n'est
pas même là son plus grand titre de gloire. M. Schwann,
et après lui son illustre disciple, M. Virchow, nous ont
fait connaître la cellule comme le principe de la formation de tous les corps organisés, et nous ont montré
que cette formation suivait les mêmes lois chez les animaux et chez les végétaux. Plus tard, l'humble mousse,
que nous foulons aux pieds, en nous enseignant les se-
crets de la génération chez les plantes, est devenue, si
je puis parler ainsi, le trait d'union entre ces deux
règnes, en apparence si différents. Je ne saurai passer
sous silence les remarquables travaux de M. Darwin ;
même pour ceux qui n'admettent pas ses conclusions, ils
sont assurément une des gloires scientifiques de notre
époque.

La géologie et la paléontologie, marchant dans les
voies ouvertes par le génie de Cuvier, ont pénétré le
mystère de ce vaste océan des âges, où, suivant une belle
expression de M^r l'Evêque d'Orléans, « nous sommes
portés un instant, puis engloutis pour toujours. » Grâce
à des labeurs multipliés, les couches superficielles de
notre planète se sont ouvertes comme les feuillets d'un
livre, où tous nous avons pu lire les preuves évidentes
de notre antique existence. Il faudrait des voix plus com-
pétentes que la mienne pour dire toutes les découvertes de la biologie, de l'anthropologie, de l'embryologie,
de l'anatomie comparée. Chaque branche de nos connaissances s'est largement associée au progrès commun.

Les sciences historiques ne sont pas restées en arrière.
L'histoire des institutions, des religions, des philoso-

phies, l'histoire de l'art, la linguistique, l'ethnologie sont des sources chaque jour plus riches et plus fécondes. Des voyageurs au cœur intrépide nous apprennent l'intérieur de l'Afrique, la Chine, le Japon, les montagnes rocheuses de l'Amérique et les vastes plaines de l'Australie. Pendant qu'ils explorent la nature vivante et les temps actuels, sans être arrêtés ni par les glaces du pôle, ni par les sables brûlants du désert, ni par les fatigues, ni par les dangers, d'autres savants, courbés sur des hiéroglyphes, sur des inscriptions où tout est également inconnu, la langue et les caractères employés, retrouvent par des prodiges de patience les annales des peuples, les preuves de leurs migrations oubliées et de leurs filiations méconnues ! Champollion, puis des élèves dignes d'un tel maître, nous ont révélé en Egypte une civilisation complétement ignorée, et ceux qui ont vu à l'Exposition cette merveilleuse statue de bois sculptée il y a plus de 6,000 ans, peuvent juger ce qu'était cette civilisation. M. Botta et M. Layard ont fait pour l'Assyrie ce que Champollion a fait pour l'Egypte. L'Arabie rend à la science ses vieux monuments antérieurs à l'islamisme. La Phénicie et la Perse nous apprennent à nouveau leur vieille histoire. Burnouf, sir H. Rawlinson, M. Oppert, ont déchiffré le système graphique des bords du Tigre et de l'Euphrate, et l'étude des Vedas nous fait connaître toute la grande famille indienne [1].

Nos vieux chroniqueurs, nos vieux poëtes, nos vieux écrivains ont été recherchés, commentés, rétablis, et toute une littérature, à la fois naïve et élevée, est venue

[1] Vitet, Revue des Deux-Mondes, juin 1868. — Maury, Ninive et Babylone. — Lenormant, Manuel d'Histoire ancienne. — Broca, Histoire de la Société d'Anthropologie.

augmenter nos richesses intellectuelles. L'archéologie,
grâce à des Sociétés comme la nôtre, fait des progrès in-
cessants. Toutes les reliques du passé sont étudiées avec
la précision la plus rigoureuse, la hache en silex et la
médaille antique, l'épée du pieux croisé et l'assignat ré-
volutionnaire. De savantes monographies permettent à
chacun de connaître, suivant ses goûts, le dolmen mystérieux ou le temple grec, la voie romaine ou la cathé-
drale du moyen âge. Ces souvenirs du passé, ces retours
à ces temps oubliés, n'ont pas exclu les efforts des penseurs, et, pour ne parler que de notre patrie, la science
jointe à l'éloquence a produit cette illustre pléïade d'his-
toriens et d'orateurs, MM. Thiers, Guizot, de Tocque-
ville, Berryer, Dupanloup, d'autres encore, dont les
noms vivront aussi longtemps que celui de la France
elle-même.

Parlerai-je ici de l'application de ces sciences ? Jamais
l'homme, je ne dirai pas a fait, mais a même pu rêver
les grandes choses accomplies sous nos yeux. Les ma-
chines semblent douées de vie et d'intelligence ; l'élec-
tricité et le soleil sont devenus, qu'on me permette cette
expression, nos serviteurs ; le temps et l'espace sont
vaincus ; les continents sont coupés ; les montagnes sont
percées ; les vallées sont comblées, et la pensée de
l'homme traverse l'Océan avec la rapidité même de sa
conception.

Tous ces progrès, nous répond-on, sont des progrès matériels ; l'humanité peut devenir plus puissante
dans l'industrie, plus pénétrante dans les sciences, plus
habile dans les arts, sans devenir meilleure, sans s'éle-
ver plus haut dans les régions de la pensée, dans les

voies de la justice [1]. Je reconnais moi aussi nos faiblesses,
je déplore moi aussi nos défaillances, je suis trop souvent le témoin désolé des ravages qu'exerce sur les jeu-
nes générations cette école qui ne connaît qu'un mobile,
l'intérêt; qu'un but, la fortune, qui ne sait glorifier que
le succès, quels que soient les moyens qui aient assuré
ce succès. Mais il est encore permis de le proclamer,
jamais faiblesses, jamais défaillances n'ont été rache-
tées par un dévouement plus complet aux classes déshé-
ritées de la société. Toutes les nations de l'Europe et de
l'Amérique luttent à l'envi pour le progrès de l'instruction primaire, pour le progrès des enfants du peuple.
Voyez ces innombrables institutions, les assurances, les
sociétés de secours mutuels, les caisses d'épargne, les
associations coopératives, qui permettent à tous de pré-
parer le repos de leur vieillesse. Notre société, si puissamment attaquée, si diversement calomniée, a su at-
teindre ce résultat immense, que chacun, si misérable
qu'il soit au début de la vie, est certain d'arriver, par
l'ordre, l'économie et le travail, à une aisance relative.
Relisez les immortelles pages de La Bruyère et de Vauban.
Relisez les voyages de l'honnête Young, entrepris au début même de la révolution, puis parcourez nos villes et
nos campagnes, visitez nos plus humbles villages, et vous
verrez quels sont nos progrès non-seulement matériels,
mais aussi intellectuels et moraux. Ces progrès, nous
les devons à l'économie politique, cette science née d'hier
et destinée à exercer une si bienfaisante influence sur
l'avenir.

J'ai prononcé là un mot, Messieurs, qui appelle d'autres pensées. Quel sera cet avenir? A qui appartiendra-

[1] Prévost-Paradol, Journal des Débats, 4 juillet 1867.

t-il de recueillir les œuvres de notre génération? Semblables aux coureurs du cirque antique, nous transmettons le flambeau de la vie.

Et quasi cursores vitai lampada tradunt [1].

Mais, plus heureux qu'eux, nous savons que Dieu ne laissera pas éteindre ce merveilleux flambeau de l'intelligence humaine, créé par lui, et qui remonte vers lui. Nous savons que les trésors, glorieux héritage de nos pères, glorieusement accrus par nous-mêmes, trouveront en ceux qui nous remplaceront d'ardents successeurs pour les accroître à leur tour.

Mais je m'arrête, Messieurs, je sens que ces considérations m'ont déjà entraîné trop loin, et je veux seulement ajouter que des Sociétés scientifiques, comme la nôtre, en propageant les saines doctrines, en réunissant les hommes, en excitant par le fertile principe de l'association les travaux et les recherches, aident puissamment au progrès général. Nous sommes les humbles ruisseaux, qui portons l'eau aux grands fleuves ; mais, sans ces humbles ruisseaux, les fleuves orgueilleux n'existeraient pas longtemps. Continuons donc avec confiance, avec énergie, nos travaux, et cherchons tous à maintenir la Société Archéologique du Vendômois à la place qu'elle a su si brillamment conquérir.

[1] Lucrèce, II.

Vendôme. Typ. et Lith. Lemercier.